TRASFERIRE LA RESIDENZA FISCALE IN THAILANDIA

La convenzione per evitare le doppie imposizioni fiscali

SP ASIA

Usando i contenuti e le informazioni in questo libro, accetti di ritenere l'Autore libero da qualsiasi danno, costo e spesa, incluse le spese legali che potrebbero risultare dall'applicazione di una qualsiasi delle informazioni contenute in questo libro. Questa avvertenza si applica a qualsiasi perdita, danno o lesione causata dall'applicazione dei contenuti di questo libro, direttamente o indirettamente, in violazione di un contratto, per torto, negligenza, lesioni personali, intenti criminali o sotto qualsiasi altra circostanza. Concordi di accettare tutti i rischi derivati dall'uso delle informazioni presentate in questo libro.

Accetti che, continuando a leggere questo libro, quando appropriato e/o necessario, consulterai un professionista (inclusi, ma non limitati a, il tuo dottore, avvocato, consulente finanziario o altri professionisti del genere) prima di usare i rimedi, le tecniche o le informazioni suggeriti in questo libro.

Indice

CAPITOLO 1: THAILANDIA IMPOSTA SUL REDDITO-LA DICHIARAZIONE DEI REDDITI

Quando devono essere presentate le dichiarazioni dei redditi? Cioè, qual è la data di scadenza della dichiarazione dei redditi?

Le dichiarazioni dei redditi individuali devono essere presentate entro il 31 marzo successivo alla fine dell'anno d'imposta per la dichiarazione cartacea (8 aprile per la dichiarazione elettronica).

Qual è la fine dell'anno fiscale?
31 dicembre.

Quali sono i requisiti di conformità per le dichiarazioni dei redditi in Thailandia?

Residenti

Per i redditi da lavoro dipendente è in vigore un sistema di ritenuta, per cui il datore di lavoro detrae l'imposta sul reddito dallo stipendio o dalla retribuzione del dipendente prima di pagarla. I datori di lavoro sono tenuti a presentare una dichiarazione mensile della ritenuta alla fonte all'Agenzia delle Entrate entro i primi 7 giorni successivi al mese in cui è stato effettuato il pagamento. L'imposta dovuta deve essere versata al momento della presentazione della dichiarazione.

L'imposta è calcolata nell'ipotesi che i pagamenti dei redditi da lavoro dipendente siano effettuati per l'intera durata dell'anno. L'importo annuo dell'imposta è calcolato secondo le aliquote progressive vigent. questa tassa viene poi diviso per il numero di versamenti; il risultato sarà l'imposta da detrarre.

Panoramica sulle tasse in Thailandia

Secondo il codice fiscale thailandese, ci sono l'imposta sul valore aggiunto (IVA), l'imposta sul reddito delle persone fisiche, l'imposta sul reddito delle società e l'imposta di bollo insieme e ci sono anche atti separati su dogane e tariffe, accise, imposta sui terreni in affitto, imposta comunale e di località e Tassa del bordo del segno. La Thailandia ha trattati sulla doppia imposizione sull'imposta sul reddito in vigore con 61 paesi e otto membri dell'ASEAN - Cambogia, Indonesia, Laos PDR, Malaysia, Myanmar, Filippine, Singapore e Vietnam - sono inclusi in questo numero. Il governo thailandese ha approvato nove nuovi trattati fiscali tra Thailandia e Brunei, Estonia, Irlanda, Kenya, Lituania, Marocco, Papua Nuova Guinea, Tagikistan e Zimbabwe che entreranno in vigore al termine delle procedure diplomatiche.

Imposta sul valore aggiunto (IVA)

L'imposta sul valore aggiunto (IVA) è un'imposta sui consumi non cumulativa applicata su tutti i beni e servizi ad un'aliquota ridotta del 7% che tornerà al 10% nel 2020. Le persone fisiche e le imprese che forniscono beni o servizi devono registrarsi come operatori IVA tranne quando il fatturato annuo è inferiore a 1,8 milioni di THB. Alcuni tipi di attività sono escluse dal pagamento dell'IVA e pagano la Specific Business Tax (SBT) che va dallo 0,1% al 3% delle entrate lorde.

Imposta sul reddito delle persone fisiche

Le aliquote dell'imposta sul reddito delle persone fisiche si applicano ai residenti fiscali e ai non residenti. I residenti pagano le tasse su tutti i redditi provenienti da fonti all'interno della Thailandia e su qualsiasi reddito straniero rimesso nel paese. I non residenti pagano solo le tasse sul reddito thailandese. Gli individui che vivono in Thailandia per 180 giorni o più in un anno sono considerati residenti. Tutti i redditi personali saranno tassati con un'aliquota progressiva dal 5% fino al 35% e gli scaglioni fiscali sono stati ampliati da cinque a sette. La maggior parte delle plusvalenze sono considerate reddito. La detrazione standard per un contribuente è fino a 60.000 THB più fino a 60.000 THB per il coniuge insieme a 15.000 THB per figlio (limitato a 3 figli) e altre donazioni qualificate che si sommano a non più del 10% del reddito netto al lordo delle imposte

Imposta sul reddito delle società

Tutte le persone giuridiche, entità create o registrate secondo la legge, sono soggette all'imposta sul reddito delle società calcolata sull'utile netto di una società per competenza. L'aliquota dell'imposta sul reddito delle società è del 20%. Le società straniere che svolgono attività in Thailandia sono soggette all'imposta del 20% su eventuali profitti derivanti da attività in Thailandia.

Sebbene la presentazione dell'imposta sul reddito delle società in Thailandia non sia necessariamente complessa, le aziende dovrebbero prestare attenzione a questioni che potrebbero immediatamente innescare multe, sovrattasse o indagini da parte del Dipartimento delle Entrate. La mancata data di deposito, la determinazione errata di quale reddito è tassabile o l'errata identificazione di ciò che può essere rivendicato come spesa nel Codice delle entrate sono tutti errori comuni che garantiscono una pronta attenzione da parte delle autorità. Per evitare le sanzioni derivanti da queste e altre sviste e dal tempo extra necessario per risolverle, meglio rivolgersi a un professionista fiscale thailandese esperto, soprattutto se un'azienda si affida attualmente a un non thailandese che utilizza una versione tradotta il Codice delle Entrate. Questo vale anche per le società internazionali che hanno i loro uffici fiscali situati al di fuori della Thailandia.

L'imposta sul reddito delle società thailandesi (CIT) è un'imposta diretta riscossa su una società giuridica o una società di persone che svolgono attività in Thailandia o, se non svolgono attività in Thailandia, che derivano determinati tipi di reddito dalla Thailandia. I soggetti passivi includono le società e le società di persone giuridiche costituite secondo la legge thailandese: società a responsabilità limitata, società per azioni, società in accomandita e società registrate; società e associazioni giuridiche di diritto estero; joint venture; e attività gestite in modo commerciale o redditizio da un governo straniero o da una sua organizzazione. Per gli esercizi 2013-15, l'aliquota dell'imposta sul reddito delle società per una PMI (piccola e media impresa) con un capitale versato inferiore a 5 milioni di THB alla fine di ciascun periodo contabile è del 15% se il loro utile netto annuo non superano 1 milione di THB e il 20% se il loro utile netto supera 1 milione di THB.

Una società a responsabilità limitata thailandese è la struttura aziendale più popolare in Thailandia e, in quanto società a responsabilità limitata che opera in Thailandia, deve presentare una dichiarazione dei redditi delle società semestrale e annuale. L'imposta pagata al semestre è un acconto calcolato sull'utile netto previsto per l'esercizio ed è accreditato sull'imposta dovuta per l'intero anno. L'ultima scadenza per la presentazione della dichiarazione semestrale è di due mesi dall'ultimo giorno dei primi sei mesi dell'esercizio contabile della società e la dichiarazione annuale deve essere presentata entro 150 giorni dall'ultimo giorno dell'esercizio contabile.

Le imprese e gli investimenti che operano ai sensi dell'Investment Promotion Act, compreso il Thailand Board of Investment (BOI) e l'Industrial Estate Authority of Thailand (IETA), devono fare attenzione a separare le entrate protette dal privilegio fiscale dalle entrate soggette a tassazione. Se l'Agenzia delle Entrate scopre errori di questa natura, ispezionerà i libri, ricalcolerà l'imposta e applicherà le multe.

Le linee guida del codice delle entrate per l'ammortamento vengono utilizzate correttamente? L'attuale sistema contabile della società è accettabile per quanto riguarda il codice delle entrate? La società ha richiesto a tutte le sue banche una relazione su tutti i conti della società a partire dall'ultimo giorno fiscale? Ci sono chiarimenti in sospeso sull'IVA con l'Agenzia delle Entrate? È probabile che una perdita operativa netta possa essere utilizzata completamente prima del limite di 5 anni? L'Agenzia delle Entrate presta molta attenzione alle società che operano in Thailandia, quindi queste sono solo alcune delle domande a cui è necessario rispondere prima di presentare una dichiarazione dei redditi delle società.

Imposta di bollo

Secondo il codice delle entrate, l'imposta di bollo è tassata solo sugli strumenti, non sulle transazioni o sulle persone. Solo gli strumenti elencati nell'elenco dell'imposta di bollo sono soggetti al pagamento dell'imposta di bollo. Se uno strumento elencato è privo di imposta di bollo, non è legale e diventa inammissibile nel sistema giudiziario, e le multe per mancata timbratura dei documenti sono molto elevate. Le aliquote dell'imposta di bollo dipendono dalla natura della transazione e gli strumenti elencati nel programma ufficiale includono:

- Certificati azionari o obbligazionari o certificati di debito emessi da qualsiasi società, associazione, ente o organizzazione
- Trasferimento di azioni, obbligazioni, obbligazioni e certificati di debito emessi da qualsiasi società, associazione, ente o organizzazione
- Obbligazioni di qualsiasi governo vendute in Thailandia
- Lettere di credito
- Prestiti di denaro o accordi per scoperto bancario
- Tutti gli atti costitutivi di una società per azioni presentati al registro

- Atto costitutivo di una società per azioni presentato all'anagrafe
- Nuovo statuto, copia dell'atto costitutivo modificato o dell'atto costitutivo presentato al cancelliere
- Contratti di partenariato
- Procure
- Affitto di terreni, fabbricati e altre costruzioni
- Acquisto rateale di proprietà
- Assunzione di lavoro

Domande frequenti sul dipartimento delle tasse

D. Quali sono le principali tasse in Thailandia?

A. Imposta sul valore aggiunto (IVA), imposta sul reddito delle persone fisiche, imposta sul reddito delle società e imposta di bollo e ci sono anche atti separati su dogane e tariffe, accise, imposta sui terreni in locazione, imposta comunale e di località e imposta sui cartelli.

D. Quali sono le aliquote dell'imposta sul reddito?

A. Il reddito personale sarà tassato con un'aliquota progressiva dal 5% fino al 35% e l'aliquota dell'imposta sul reddito delle società è del 20%

D. La Thailandia applica l'IVA o altre forme di imposta sulle vendite?

R. Sì, l'IVA è la più grande imposta riscossa dall'Agenzia delle Entrate oltre alla specifica imposta aziendale, accise e dazi doganali.

D. La Thailandia offre incentivi fiscali o esenzioni fiscali?

R. La Thailandia ha fornito incentivi sia fiscali che non fiscali per gli investimenti diretti esteri e locali negli ultimi 50 anni. Il Board of Investment è l'autorità governativa che concede questi privilegi.

D. Qual è l'anno fiscale per il contribuente in Thailandia?

R. L'anno fiscale dei singoli contribuenti è un anno solare. Per la persona giuridica, può scegliere il proprio anno fiscale, ma non può essere inferiore a 12 mesi di calendario ad eccezione dell'anno di costituzione o di scioglimento. La maggior parte delle entità aziendali sceglie l'anno solare.

Non residenti

Uguale al residente per reddito da lavoro dipendente.

Aliquote fiscali

Quali sono le attuali aliquote dell'imposta sul reddito per residenti e non residenti in Thailandia?

Residenti

L'imposta sul reddito è calcolata applicando al reddito imponibile uno schema di aliquota progressiva come segue.

Tabella delle imposte sul reddito per il 2019

Fascia di reddito imponibile		Imposta totale sul reddito sotto scaglione	Aliquota fiscale sul reddito tra scaglioni
Da THB	To THB	THB	Percentuale
0	150,000	0	0
150,001	300,000	7,500	5
300,001	500,000	20,000	10

500,001	750,000	37,500	15
750,001	1,000,000	50,000	20
1,000,001	2,000,000	250,000	25
2,000,001	5,000,000	900,000	30
5,000,001	Over		35

Non residenti

Il reddito da lavoro sarà tassato all'aliquota progressiva, la stessa aliquota dei residenti in Thailandia.

Anche un contribuente non residente ha diritto a richiedere l'assegno personale. Le indennità per coniuge e figlio sono disponibili solo per i non residenti se il coniuge e il figlio sono residenti in Thailandia nell'anno fiscale in questione.

I non residenti possono essere tassati al 15% sul reddito lordo per determinati redditi diversi dal reddito da lavoro.

Regole di soggiorno

Ai fini della tassazione, come viene definita una persona fisica residente in Thailandia?

Un residente è definito come una persona presente in Thailandia per un totale di 180 giorni o più in un dato anno fiscale.

Esiste una regola del numero minimo di giorni quando si tratta della data di inizio e fine della residenza? Ad esempio, un contribuente non può tornare nel paese/territorio ospitante per più di 10 giorni dopo la fine del suo incarico e rimpatriare.
No.

Cosa succede se l'assegnatario entra nel paese/territorio prima dell'inizio dell'assegnazione?

A condizione che gli assegnatari non abbiano iniziato a lavorare in Thailandia, non dovrebbero esserci problemi fiscali e di immigrazione.

Cessazione della residenza

Ci sono requisiti di conformità fiscale quando si lascia la Thailandia?

Le dichiarazioni dei redditi devono essere presentate. Le uniche formalità particolari relative alla cessazione del soggiorno riguardano la persona fisica che deve ottenere un certificato di liquidazione fiscale nelle seguenti circostanze:

gli stranieri che sono tenuti al pagamento o allo sgravio dell'imposta dovuta o scaduta al momento della partenza

stranieri che sono soggetti al pagamento delle tasse per conto di società straniere che operano in Thailandia

stranieri che ricevono entrate dall'essere intrattenitori pubblici in Thailandia.

E se l'assegnatario torna per un viaggio dopo che la residenza è terminata?

A condizione che gli assegnatari non lavorino più per la Thailandia, non dovrebbero esserci problemi fiscali e di immigrazione.

Comunicazione tra immigrazione e autorità fiscali
Le autorità per l'immigrazione in Thailandia forniscono informazioni alle autorità fiscali locali in merito a quando una persona entra o esce dalla Thailandia?

No (le autorità per l'immigrazione forniranno informazioni alle autorità fiscali locali solo su richiesta).

Requisiti di archiviazione

Un assegnatario avrà un obbligo di presentazione nel paese/territorio ospitante dopo aver lasciato il paese/territorio ed essere rimpatriato?

La dichiarazione dei redditi di partenza prima di lasciare il paese/territorio non è richiesta in Thailandia. Tuttavia, è ancora richiesta una dichiarazione dei redditi per l'anno di partenza secondo la normale procedura in caso di reddito imponibile in Thailandia. La dichiarazione dei redditi deve essere presentata dopo dicembre ma entro la fine di marzo dell'anno successivo.

Approccio economico del datore di lavoro

Le autorità fiscali in Thailandia adottano l'approccio del datore di lavoro economico1 per interpretare l'articolo 15 del trattato dell'Organizzazione per la cooperazione e lo sviluppo economico (OCSE)? In caso negativo, le autorità fiscali thailandesi stanno valutando l'adozione di questa interpretazione di datore di lavoro economico in futuro?

Sì in Thailandia rileva che l'amministrazione fiscale thailandese non fa riferimento al datore di lavoro economico ma adotta invece la regola generale cioè, durante il periodo di assegnazione il cessionario lavora per l'ente thailandese e se l'ente thailandese assorbe il la retribuzione del cessionario o l'entità thailandese sponsorizza il permesso di lavoro e il visto, l'entità thailandese è un pagatore di reddito ed è considerata datore di lavoro, DTA non protegge.

Numero minimo di giorni

C'è un numero minimo di giorni prima che le autorità fiscali locali applichino l'approccio del datore di lavoro economico? Se sì, qual è il numero minimo di giorni?

No.

Tipi di compensazione imponibile

Quali categorie sono soggette all'imposta sul reddito in situazioni generali?

Come regola generale, costituiscono reddito imponibile tutte le tipologie di remunerazione e beneficio percepite da un dipendente per i servizi prestati, indipendentemente dal luogo di erogazione, tra cui:

- esercizi di opzioni su azioni
- indennità di rincaro
- indennità di alloggio previste
- spese di trasloco non comprovate
- pagamento delle ferie
- assegni scolastici per i figli
- tassa rimborsata

- pagamento dell'imposta sul reddito da parte del datore di lavoro
- il datore di lavoro ha fornito assistenza domestica
- prestiti agevolati/senza interessi
- altri compensi e benefici in relazione al rapporto di lavoro thailandese.

Amministratori statutari infragruppo

Un non residente in Thailandia che, nell'ambito del proprio impiego all'interno di una società del gruppo, è anche nominato amministratore statutario (vale a dire membro del consiglio di amministrazione di una società del gruppo situata in Thailandia) farà scattare un'imposta personale in Thailandia, anche se non vengono corrisposti compensi/emolumenti di amministratori separati per le loro funzioni di consigliere?

No, in quanto non sono corrisposti/ricevuti compensi/emolumenti distinti per gli amministratori in relazione alle loro funzioni di Consiglio di Amministrazione.

a) **La tassazione verrà avviata indipendentemente dal fatto che il membro del consiglio sia fisicamente presente o meno alle riunioni del consiglio in Thailandia?**

No, in quanto non sono corrisposti/ricevuti compensi/emolumenti distinti per gli amministratori in relazione alle loro funzioni di Consiglio di Amministrazione.

b) **La risposta sarà diversa se il costo è direttamente o indirettamente addebitato/allocato alla società con sede in Thailandia (ovvero come commissione di gestione generale in cui sono incluse le funzioni rese come membro del consiglio di amministrazione**)?

Dipende dal fatto che la commissione di gestione generale includa qualsiasi compenso/compenso separato degli amministratori in relazione ai loro doveri in qualità di Consiglio di amministrazione.

c) **In caso di insorgenza di una passività fiscale, come sarà determinato il reddito imponibile?**

La passività fiscale viene attivata sull'importo che l'individuo ha ricevuto o parte della sua retribuzione ricevuta in relazione alle sue funzioni come il Consiglio di amministrazione ha addebitato alla Thailandia.

Reddito esente da tasse

Ci sono aree di reddito esenti da tassazione in Thailandia? In tal caso, fornire una definizione generale di queste aree

Spese mediche

Spese mediche di un dipendente e a carico per cure che si svolgono in Thailandia e spese mediche di dipendenti solo per cure che si svolgono al di fuori della Thailandia mentre lavorano temporaneamente fuori dalla Thailandia.

Spese di trasloco

Spese di trasloco effettive comprovate (spese di trasloco per la prima volta per iniziare l'impiego in Thailandia e per il rientro al termine dell'impiego in Thailandia).

Concessioni per gli espatriati

Ci sono agevolazioni per gli espatriati in Thailandia?

Gli espatriati che lavorano e ricevono un reddito da lavoro dipendente da un'entità thailandese con uno status di International Business Center (IBC) sono tassabili in Thailandia a un'aliquota forfettaria del 15 per cento. Gli espatriati che lavorano per l'IBC devono essere in Thailandia per almeno 180 giorni e ricevere un reddito mensile minimo di 200.000 THB o un reddito annuo di 2.400.000 THB per poter beneficiare dell'incentivo fiscale, ad eccezione del primo e dell'ultimo anno fiscale di occupazione con la società IBC.

Stipendio guadagnato lavorando all'estero

Lo stipendio guadagnato lavorando all'estero è tassato in Thailandia? Se é cosi, come?

Gli stipendi ricevuti da esercizi di lavoro al di fuori della Thailandia sono esenti dall'imposta thailandese, se non pagati o rimessi in Thailandia entro lo stesso anno solare in cui vengono ricevuti e a condizione che il costo non venga addebitato in Thailandia.

Quando si tratta di imposta sul reddito thailandese per gli stranieri, c'è molta disinformazione che circola su Internet.

Alcuni espatriati ti diranno che non pagano mai l'imposta sul reddito. Altri, invece, ti diranno che archiviano ogni anno. Chi dovresti ascoltare?

Poi ci sono le aliquote fiscali. Se devi presentare le imposte sul reddito delle persone fisiche in Thailandia, quale percentuale ti verrà tassata?

Tante domande che necessitano di risposte affidabili.

Con questo in mente, questa guida ti aiuterà a determinare se sei un residente fiscale o non fiscale in Thailandia, quali sono le tue aliquote fiscali nel paese e come presentare le tue imposte sul reddito personale.

Diritto del lavoro thailandese - Cessazione del rapporto di lavoro

La legge sul lavoro thailandese protegge i diritti dei dipendenti ed è relativamente flessibile per i datori di lavoro. Tuttavia, licenziamenti e licenziamenti sono soggetti a determinate regole che è importante rispettare al fine di evitare qualsiasi successivo contenzioso con il dipendente o per il datore di lavoro.

Risoluzione / Licenziamento illegittimo

D: **Il dipendente deve essere informato della cessazione?**

Per recedere da un contratto di lavoro a tempo indeterminato, salvo che il contratto di lavoro disponga diversamente, il lavoratore deve essere informato entro un periodo minimo pari al ciclo retributivo del dipendente. Ad esempio, se il dipendente viene pagato mensilmente, la notifica deve essere inviata al dipendente almeno un mese prima della data effettiva della cessazione. Se il ciclo retributivo è più lungo di tre mesi, il termine per la notifica al dipendente può essere di tre mesi.

Quando il contratto è a tempo determinato, non è necessario avvisare il dipendente prima della scadenza del contratto.

D: **Come deve essere informato il dipendente della cessazione?**

Si consiglia di inviare una raccomandata con avviso di ricevimento (EMS) per conservare la prova fisica della data di notifica.

D: Il dipendente deve essere informato dei motivi del licenziamento?

Se il lavoratore riceve il trattamento di fine rapporto, non sussiste alcun obbligo legale di comunicargli il motivo del licenziamento. Raccomandiamo, tuttavia, che il dipendente sia informato dei motivi del suo licenziamento per tutelarsi da qualsiasi ricorso da parte del dipendente per licenziamento illecito.

Quando un dipendente viene licenziato senza indennità di licenziamento ai sensi della Sezione 119 del Labor Protection Act ("cessazione senza indennità di licenziamento"), i motivi della cessazione devono essere accuratamente dettagliati nell'avviso.

D: È possibile licenziare un dipendente senza preavviso?

L'articolo 119 della legge sulla tutela del lavoro stabilisce i casi di licenziamento in cui il lavoratore non deve essere informato. Questo è particolarmente vero quando:

- Il dipendente compie in modo disonesto o commette intenzionalmente un reato contro il datore di lavoro;
- Il lavoratore cagiona intenzionalmente un danno al datore di lavoro;

- Il lavoratore commette un atto di negligenza con conseguente grave danno al datore di lavoro;
- L'atto del dipendente viola le regole di lavoro, i regolamenti o gli ordini del datore di lavoro che sono legali ed equi, e riceve un avviso scritto di ammonimento;
- Il lavoratore trascura le proprie mansioni per tre giorni consecutivi senza giustificato motivo, indipendentemente dal periodo di ferie; o,
- Il dipendente è soggetto a reclusione con sentenza definitiva del tribunale.
- Si consiglia, tuttavia, di informare il dipendente per proteggersi da azioni future.

D: È possibile per il datore di lavoro obbligare il dipendente a non presentarsi sul posto di lavoro dopo la notifica e fino al licenziamento (periodo di "giardino")?

Questo caso non è previsto dalla legge sulla protezione del lavoro, ma la pratica è comune in Thailandia. Finché il dipendente mantiene il suo status e la sua retribuzione, è possibile mettere il dipendente in "giardino".

Tuttavia, assicurati di restituire tutti gli effetti personali al dipendente prima di costringerlo a non tornare sul posto di lavoro.

D: Quanti dipendenti possono essere licenziati contemporaneamente?

La legge thailandese non stabilisce restrizioni legali sul numero di dipendenti che un datore di lavoro può licenziare contemporaneamente. Tuttavia, se il licenziamento avviene senza una causa reale o ragionevole, il dipendente può adire il tribunale del lavoro per licenziamento illegittimo. Il datore di lavoro deve garantire l'adozione di misure adeguate e il licenziamento individuale dei dipendenti.

D: Cosa succede al permesso di lavoro e al visto per affari di un dipendente straniero (visto B non immigrato) dopo la cessazione?

Una volta licenziato il lavoratore, il datore di lavoro deve annullare il permesso di lavoro entro 15 giorni. Il visto si considera immediatamente annullato al momento del licenziamento. È quindi consigliabile che il dipendente richieda un visto turistico di 30 giorni il giorno del licenziamento per evitare spese di soggiorno oltre il limite.

D: Cosa succede se il datore di lavoro non rinnova il visto o il permesso di lavoro di un dipendente?

Un lavoratore che non è stato licenziato dal suo datore di lavoro ma il cui permesso di lavoro non è stato rinnovato dal suo datore di lavoro non ha più diritto al lavoro. Tuttavia, il lavoratore resta soggetto alle legittime istruzioni del suo datore di lavoro alle quali deve attenersi durante l'orario di lavoro.

Un dipendente il cui permesso di lavoro o visto non è stato rinnovato dal suo datore di lavoro può presentare un ricorso al tribunale del lavoro e intentare un'azione contro il suo datore di lavoro per licenziamento illegittimo.

D: Il dipendente dimissionario riceve il TFR?

No, il dipendente dimissionario non percepisce il TFR.

D: È abusivo licenziare immediatamente e senza compenso un dipendente che passa troppo tempo sui social media?

In una recente sentenza, la Corte Suprema ha stabilito che è legale licenziare immediatamente e senza compenso un dipendente che ha utilizzato il computer dell'ufficio per utilizzare i social media per motivi personali durante l'orario di lavoro, incidendo negativamente sulle prestazioni del dipendente.

D: **È abusivo licenziare immediatamente e senza compenso un dipendente che critica il suo datore di lavoro sui social media**?

In un'altra recente sentenza, la Suprema Corte ha stabilito che è legale licenziare immediatamente senza compenso un dipendente che abbia consapevolmente causato un danno al suo datore di lavoro lamentandosi delle sue condizioni di lavoro sui social network.

D: Ci sono casi in cui il dipendente è protetto contro il licenziamento?

Le donne incinte non possono essere licenziate per gravidanza. In circostanze normali, i membri ei rappresentanti del comitato dei dipendenti possono essere licenziati solo con l'approvazione del tribunale del lavoro.

D: Qual è l'importo del TFR che un dipendente può ricevere?

Ecco come si calcola il TFR.

Periodo di impiego	indennità di licenziamento
Meno di 120 giorni	Niente indennità di licenziamen
120 giorni - 1 anno	Salario per almeno 30 giorni
1 anno - 3 anni	Salario per almeno 90 giorni
3 anni – 6 anni	Salario per almeno 180 giorni
6 anni – 10 anni	Salario per almeno 240 giorni
10 anni – 20 anni	Salario per almeno 300 giorni
Piu di 20 anni	Salario per almeno 400 giorni

D: Il datore di lavoro deve pagare un compenso aggiuntivo a un dipendente soggetto a una clausola di non concorrenza?

No, la legge thailandese non obbliga il datore di lavoro a risarcire un dipendente soggetto a una clausola di non concorrenza.

D: Un dipendente può intraprendere un'azione legale contro il proprio datore di lavoro se viene licenziato?

È possibile per il dipendente presentare un reclamo contro il datore di lavoro presso il tribunale del lavoro al fine di ottenere il trattamento di fine rapporto o un risarcimento per il licenziamento illegittimo dopo il licenziamento senza prima presentare un reclamo all'ispettore del lavoro.

La legge thailandese non definisce con precisione cosa costituisce "licenziamento ingiusto/illecito". Nel caso in cui il tribunale del lavoro sostenga l'accusa di licenziamento illegittimo, è possibile che il tribunale:

Ordina al datore di lavoro di reintegrare il dipendente alle stesse condizioni di prima della sua partenza; o, se il tribunale decide che le parti non sono più in grado di collaborare,

Condanna il datore di lavoro a pagare al lavoratore un'indennità per licenziamento illegittimo/illecito. Tale importo è calcolato dal tribunale e dipende interamente dalle circostanze del dipendente.

D: Qual è il lasso di tempo di un caso al tribunale del lavoro?

In media, un'azione intentata davanti al tribunale del lavoro viene giudicata entro 3-18 mesi dalla presentazione della denuncia, o anche più a lungo per casi complessi.

Le sentenze del Tribunale del lavoro sono impugnabili in Cassazione entro 15 giorni dalla sentenza.

D: È possibile per il datore di lavoro risolvere amichevolmente la controversia con il dipendente dopo che il dipendente ha presentato un reclamo?

Sì, il datore di lavoro e il dipendente possono risolvere amichevolmente la controversia, anche dopo che il caso è stato portato dinanzi al tribunale del lavoro thailandese.

Gli espatriati pagano l'imposta sul reddito in Thailandia?

Come espatriato che vive in Thailandia, il tipo di tassa più comune che dovrai pagare è l'imposta sul reddito delle persone fisiche.

Anche i nomadi digitali che lavorano da remoto in Thailandia potrebbero dover pagare le tasse sul reddito.

Tieni presente che la Thailandia non è un paradiso fiscale. Quindi, se hai intenzione di vivere qui senza incontrare problemi legali, devi assicurarti di presentare le tasse su eventuali guadagni soggetti a responsabilità. Per determinare se devi pagare le tasse in Thailandia, devi prima scoprire se sei un residente fiscale in Thailandia.

Si prega di notare che tutti coloro che vivono in Thailandia pagano le tasse. Si presenta in molte forme. L'imposta più eccezionale è l'IVA (imposta sul valore aggiunto), che viene addebitata al 7% sulla maggior parte dei prodotti e servizi in Thailandia.

Le tasse sono nascoste anche in ogni servizio e prodotto che ottieni in Thailandia. Se acquisti un condominio, devi pagare la tassa di condominio. Se possiedi un'auto, devi pagare il bollo ogni anno.

Residenti fiscali vs. Residenti non fiscali

Gli espatriati in Thailandia si dividono in due categorie:

- Residenti fiscali
- Residenti non fiscali

Un residente fiscale è chiunque viva in Thailandia per 180 giorni di un anno solare. Chiunque sia timido di quel numero è considerato un non residente fiscale.
Questa importante differenza nella classificazione della residenza significa che c'è anche una differenza nel reddito imponibile.

I residenti fiscali devono pagare le tasse su qualsiasi reddito che guadagnano in Thailandia, nonché una parte di qualsiasi reddito proveniente dall'estero, come indicato nella Sezione 1 del sito web del Dipartimento delle Entrate.

Tuttavia, qualsiasi reddito guadagnato durante l'anno ma lasciato in un conto bancario al di fuori della Thailandia non è soggetto a tasse.

Ciò significa che se guadagni soldi all'estero e non vuoi pagare le tasse sul reddito in Thailandia, devi lasciare i soldi su un conto bancario estero e inviarli in Thailandia durante il prossimo anno solare.
Questo vale anche per le pensioni, ma ne parleremo più dettagliatamente in una sezione successiva.

Rispetto ai residenti fiscali, i non residenti sono responsabili solo del reddito guadagnato in Thailandia. Ciò significa che le tue entrate provenienti da fonti estere non sono tassate.

Inoltre, tieni presente che per lavorare ed essere pagato da un'azienda in Thailandia, devi avere un permesso di lavoro thailandese.

Aliquote dell'imposta sul reddito delle persone fisiche

La Thailandia ha un sistema fiscale progressivo, il che significa che l'aliquota fiscale aumenta all'aumentare del reddito.

Devi pagare le tasse una volta che guadagni più di 150.000 baht all'anno dopo le detrazioni fiscali. Quindi, più guadagni, più aliquote fiscali devi pagare.

Attualmente, l'aliquota massima è del 35% per coloro che guadagnano oltre 4.000.000 di baht all'anno.

La tabella seguente mostra quali saranno le tue aliquote fiscali a diversi redditi.

Come avrai notato, le aliquote fiscali sono paragonabili alla maggior parte degli altri paesi, quindi l'ipotesi che la Thailandia sia un paradiso fiscale non è vera.

La principale fonte di imposta sul reddito personale per gli espatriati in Thailandia è attraverso l'occupazione.

Tieni presente che se lavori per una società thailandese con uno status di International Business Center (IBC), hai uno status di residenza fiscale in Thailandia, fai un reddito annuo minimo di 2.400.000 baht, la tua aliquota dell'imposta sul reddito personale sarà fissa del 15% .

Oltre a qualsiasi reddito che guadagni dal tuo lavoro in Thailandia, dovrai anche pagare le tasse su altri guadagni.

Ciò include, a titolo esemplificativo, plusvalenze, redditi da capitale, dividendi, interessi e redditi da locazione.

La tabella seguente mostra le diverse aliquote fiscali per queste situazioni.

Tipo	tariffa
Affitto	12,50%
Dividendi	10%
Obbligazionario	15%

A seconda del tipo di reddito, potresti dover pagare o meno le imposte sul reddito delle persone fisiche su quel denaro.

Ad esempio, se affitti il tuo condominio, devi pagare una tassa del 12,5 percento sul reddito da locazione annuale.

Il tuo reddito da locazione sarebbe anche soggetto all'imposta sul reddito delle persone fisiche con un'aliquota dallo 0% al 35% come indicato nella prima tabella.

D'altra parte, devi solo pagare le tasse sui guadagni da dividendi e obbligazioni rispettivamente al 10 percento o al 15 percento.
Tuttavia, a differenza delle proprietà in affitto, i dividendi e le obbligazioni non sono soggetti all'imposta sul reddito delle persone fisiche.

Ritenuta d'acconto

La Thailandia ha un sistema di trattenute fiscali in cui il tuo datore di lavoro, pagatore o istituto finanziario trattiene una percentuale del tuo reddito da ogni busta paga e la invia al Dipartimento delle Entrate.

Se si tratta di un reddito da lavoro dipendente, l'aliquota della ritenuta d'acconto sarà calcolata in base al reddito annuo dal grafico dell'aliquota progressiva menzionato in precedenza.

La tua imposta annuale totale dovuta alla fine dell'anno verrà quindi divisa per il numero di pagamenti - ad esempio 12 se vieni pagato una volta al mese - e questo è l'importo delle tasse che verranno detratte da ciascuna delle tue buste paga.

Tipo	tariffa
Occupazione	0-35%
Affitti e premi	5%
Commissione di servizio	3%
Commissione pubblicitaria	2%
Dividendi	10%
Interesse	1%
Royalty	3%

Anche se il tuo pagatore trattiene le tue tasse e le paga per tuo conto, dovresti sempre chiedere il certificato di ritenuta, necessario per riempire le tue imposte sul reddito personale.

Detrazioni e sgravi fiscali

Per ridurre gli oneri dei contribuenti, la Thailandia ha una serie di franchigie e indennità disponibili sia per i thailandesi che per gli espatriati.

Le principali detrazioni includono:

- Reddito da lavoro dipendente
- Entrate da copyright
- Reddito da locazione di fabbricati, terreni agricoli, veicoli
- Reddito delle libere professioni

Inoltre, il governo thailandese consente anche una serie di indennità nel calcolo delle tasse totali come, ma non solo:

- Assegno personale
- Assegno coniugale
- Assegno per i figli
- Formazione scolastica
- Indennità genitori
- Premi di assicurazione sulla vita
- Interessi mutuo casa Home
- Contributi di beneficenza

I tassi di detrazione e indennità e gli importi per le diverse fonti di reddito variano.

Questa tabella mostra le detrazioni popolari per gli espatriati:

Tipo	total
Assegno personale (disponibile per tutti)	30,0
occupazione	60,0
Indennità per il coniuge	30,0
Assegno per figli a persona	15,0
Assegno parentale per persona (sia tu che il tuo coniuge)	30,0
Fondo di risparmio eccellente	5% c ma n 500.
Sicurezza sociale	Stes contr
Donazione	Stes dona supe tuo r
Rental Income	30% di loc

Previdenza sociale Stesso importo che contribuisci

Donazione Stesso importo che doni ma non deve superare il 10% del tuo reddito
Reddito da locazione 30% del reddito da locazione annuale

Tieni presente che le detrazioni sono soggette a modifiche di tanto in tanto. Puoi controllare il sito web dell'Agenzia delle Entrate per le tariffe più aggiornate.

Approfittare delle indennità e delle detrazioni previste dal governo thailandese può farti risparmiare denaro sulle tasse, quindi è sicuramente nel tuo interesse sfruttarle al meglio.

Anche i residenti non fiscali possono beneficiare di alcune indennità personali e specifiche.

Tasse di deposito

Per la maggior parte delle persone, la dichiarazione dei redditi delle persone fisiche inizia il 1° gennaio ed è dovuta entro il 31 marzo di ogni anno per qualsias reddito guadagnato nell'anno precedente.

L'anno fiscale termina il 31 dicembre e inizia il 1° gennaio di ogni anno.
Puoi presentare le tue tasse online attraverso il sistema di E-Filing dell'Agenzia delle Entrate.

Ecco un elenco di ciò di cui hai bisogno per presentare le tasse in Thailandia:

- ID fiscale (vedi la sezione successiva su come ottenere il tuo ID fiscale)
- Conto di deposito elettronico (puoi registrarti una volta che hai un codice fiscale tailandese)
- 50 tawi (per coloro che lavorano in Thailandia - il tuo datore di lavoro te lo darà)
- Certificato di ritenuta d'acconto
- Prove di deduzione come ricevute, certificati SSF e lettere di consenso

Se lavori in Thailandia, il tuo datore di lavoro potrebbe aiutarti a presentare le tasse.
Se registri le tue tasse, chiedi aiuto ai tuoi colleghi tailandesi o a un commercialista poiché il modulo di dichiarazione dei redditi è disponibile solo in tailandese.

Altrimenti, una volta effettuato l'accesso al sistema E-filing, devi seguire i seguenti passaggi:

1. Aggiungi il tuo indirizzo personale in Thailandia
2. Scegli la tua fonte di reddito
3. Specifica quanto guadagni per ogni tipo di reddito, inclusa la quantità di
tasse già trattenute
4. Scegli le franchigie e specifica l'importo

Si prega di notare che è necessario scegliere correttamente la fonte di reddito tramite il codice ufficiale.
Ad esempio, se si tratta di reddito da lavoro dipendente, è la Sezione 40 (1). Se si tratta di entrate derivanti dal subaffitto del tuo condominio, è la Sezione 40 (5).

Quindi, il sistema ti mostrerà quante tasse devi pagare o quanto di una dichiarazione dei redditi otterrai.
Puoi pagare le tasse con carta di credito o tramite bonifico bancario locale.

Se ricevi una dichiarazione dei redditi, puoi chiedere all'Agenzia delle Entrate di inviare un assegno al tuo indirizzo oppure puoi donarlo a un partito politico.

Il tuo dipartimento delle entrate locale dovrebbe essere il tuo unico punto di contatto quando si tratta di tasse in Thailandia.

Può richiedere da meno di una settimana a qualche mese per ottenere la dichiarazione dei redditi a seconda di quando si presenta.

Se presenti in anticipo, c'è la possibilità che tu riceva la tua dichiarazione dei redditi entro una o due settimane.

Se presenti una dichiarazione alla fine di marzo, potrebbero essere necessari più di due mesi per ottenere la dichiarazione dei redditi.

Dopo aver presentato le tasse, l'Agenzia delle Entrate potrebbe chiederti ulteriori documenti. Se lo fanno, puoi caricare i documenti richiesti attraverso il sistema e dovresti essere a posto.
Puoi monitorare lo stato della tua dichiarazione dei redditi sul sito web di E-filing.

Inoltre, conserva una copia della tua dichiarazione dei redditi perché ne avrai bisogno quando rinnoverai il tuo permesso di lavoro.

Se guadagni commissioni pubblicitarie, lavori nel pubblico spettacolo o hai un reddito da locazione, sei anche tenuto a presentare una dichiarazione dei redditi di metà anno entro il 30 settembre.

Detto questo, quando si compilano le imposte sul reddito delle persone fisiche, consultare un commercialista per assicurarsi di poter pianificare le imposte in anticipo e archiviarle correttamente per evitare multe e/o sanzioni.

ID fiscale

Per presentare la tua dichiarazione dei redditi, dovrai registrarti per un numero di identificazione fiscale.

Puoi richiedere un ID fiscale all'ufficio delle entrate più vicino con il passaporto o la carta d'identità, la prova dell'indirizzo e una domanda.

Se lavori in Thailandia, il tuo datore di lavoro registrerà un codice fiscale per tuo conto, ma in entrambi i casi deve essere fatto entro 60 giorni dal ricevimento della prima busta paga.

Accordo sulla doppia imposizione

Oltre 50 paesi hanno accordi sulla doppia imposizione con la Thailandia per garantire che non sarai tassato due volte: una volta dalla Thailandia e di nuovo dal tuo paese di origine.

Gli Stati Uniti, il Canada, il Regno Unito, l'Australia, la Nuova Zelanda, la Germania, la Norvegia, la Russia sono alcuni dei paesi che hanno in vigore tali trattati.

Tuttavia, anche se la Thailandia ha un accordo sulla doppia imposizione con il tuo paese, potresti comunque dover presentare le imposte sul reddito delle persone fisiche nel tuo paese d'origine.
Ad esempio, i cittadini statunitensi devono presentare domanda in entrambi i paesi.
Per fare ciò, devi ottenere un certificato fiscale inglese dal tuo dipartimento delle entrate locale.

Le pensioni sono soggette a tassazione?

La pensione e le tasse in Thailandia sono complicate ed è un argomento scottante per coloro che vanno in pensione in Thailandia.

In genere, ci sono tre scenari.

Scenario uno: la tua pensione è tassata nel tuo paese di origine. Non devi pagare le tasse in Thailandia a causa dell'accordo sulla doppia imposizione.
Scenario due: la tua pensione non è tassata nel tuo paese di origine. Se lo trasferisci in Thailandia nel prossimo anno solare, non devi pagare le tasse su di esso.

Scenario tre: porti la tua pensione in Thailandia. Devi dichiarare il tuo reddito da pensione e pagare le tasse su di esso.

Tuttavia, la realtà è che la Thailandia non sembra applicare questa legge.
si sono recati all'Agenzia delle Entrate per sapere se devono o meno pagare le tasse sulla pensione.

Hanno ricevuto risposte simili, ovvero che non devi pagare l'imposta sul reddito sulla tua pensione se sei titolare di un visto di pensionamento.
Questo è un altro motivo per cui la Thailandia è un buon posto per i pensionati.

Sappi solo che la lettera della legge è che le pensioni sono tassate, ma molte persone sono state respinte dagli uffici delle imposte.

Tuttavia, i funzionari potrebbero applicare questa legge in futuro, come hanno fatto con i TM30 e cambiando il tuo indirizzo in Thailandia.
Passività fiscali dei nomadi digitali

I nomadi digitali sono un po' in una zona grigia quando si tratta di debiti fiscali in Thailandia.

Alla fine, dipende da quale visto hai e se sei un residente fiscale in Thailandia.
Se sei un residente fiscale, devi pagare le tasse per tutti i redditi realizzati in Thailandia e qualsiasi reddito estero che hai portato in Thailandia durante l'anno.

Tuttavia, non puoi guadagnare in Thailandia senza avere il visto e il permesso di lavoro corretti.

Se sei un non residente fiscale che rimane nel paese per meno di 180 giorni di un anno solare, hai ancora un debito fiscale e devi pagare le tasse da qualche parte.

Il mancato pagamento delle tasse ti raggiungerà una volta che la Thailandia introdurrà leggi per far rispettare questo problema.
Non solo, il governo thailandese ti farà pagare le tasse in sospeso con sanzioni.

La Thailandia tassa il reddito guadagnato all'estero?
Dipende dal tuo stato fiscale e da quando porti il reddito in Thailandia.

Come accennato in precedenza, se sei un residente non fiscale, il tuo reddito guadagnato all'estero non è soggetto a tassazione in Thailandia.

Se sei residente ai fini fiscali, il tuo reddito estero sarà tassato quando lo porti in Thailandia nello stesso anno solare.

Ad esempio, se guadagni soldi all'estero nel 2021 e li porti in Thailandia nello stesso anno, devi pagare le tasse su questo reddito estero.

D'altra parte, se lo porti in Thailandia dal 2022 in poi, non è soggetto all'imposta sul reddito thailandese.

Imposte sul reddito delle società

Questo articolo riguarda principalmente le imposte sul reddito delle persone fisiche.

Tuttavia, se gestisci un'attività in Thailandia, dai un'occhiata al nostro articolo sulle tasse che devi affrontare come imprenditore in Thailandia.

Ora, su di te

Abituarsi a un nuovo paese mentre si familiarizza con le sue leggi e le regole sulle tasse può essere un compito difficile, ma avere le risorse giuste può renderlo più facile.

Assicurati di organizzare e classificare le tue diverse fonti di reddito, quindi controlla quali sono le tue passività e quali sono le aliquote fiscali per ciascuna fonte.

Inoltre, le tasse devono essere presentate in tailandese, quindi avrai bisogno dei servizi di un commercialista tailandese. Assicurati di porre loro tutte le domande di cui non sei sicuro per coprire tutte le tue basi.

Fare il punto su ciò che abbiamo esposto sopra ti darà tranquillità mentre navighi nel sistema di imposta sul reddito personale della Thailandia e ti abitui allo stile di vita unico del paese.

CAPITOLO 2: Tassazione dei redditi da capitale e delle plusvalenze

I redditi da capitale e le plusvalenze sono tassati in Thailandia? Se è così, come?

La maggior parte dei tipi di plusvalenze sono tassabili come reddito ordinario. Le plusvalenze derivanti dalla vendita di azioni di una società quotata alla Borsa della Thailandia (se la vendita viene effettuata tramite un intermediario autorizzato) o dalla vendita di quote di investimento in un fondo comune di investimento sono esenti da imposta. Qualsiasi plusvalenza o reddito da investimenti da fonti al di fuori della Thailandia non è soggetto a tassazione a meno che un contribuente residente non abbia inviato il processo in Thailandia entro lo stesso anno solare in cui è stato ricevuto.

Dividendi, interessi e reddito da locazione
In generale, dividendi, interessi e reddito da locazione da fonti locali da parte di residenti e non residenti sono redditi imponibili in Thailandia.

Gli interessi maturati sui depositi di risparmio presso una banca in Thailandia (rimborsabili su richiesta) sono esenti da imposta se l'interesse è inferiore a un limite massimo di THB20.000 all'anno.

Un residente della Thailandia può scegliere di non includere il reddito da dividendi nella propria dichiarazione dei redditi annuale, a condizione che non venga richiesto un credito d'imposta/rimborso sui dividendi.
Interessi, dividendi e redditi da locazione derivati da fonti al di fuori della Thailandia da parte di residenti in Thailandia sono tassabili in Thailandia nella misura in cui tale reddito viene pagato o rimesso in Thailandia entro lo stesso anno solare in cui viene ricevuto. I non residenti non sono comunque soggetti all'imposta thailandese su tali redditi di provenienza estera.

Guadagni da esercizi di stock option
Stato di residenza
Imponibile a:

Esercizio Gilet di sovvenzione
Residente N N Y
Non residente N N S/N

Utili e perdite su cambi

Se il reddito è pagato o determinato in una valuta straniera, per calcolare e pagare le tasse thailandesi dovrebbe essere utilizzato il tasso di conversione specificato dalle linee guida del Dipartimento delle Entrate. L'utile derivante dallo scambio effettivo non è tassabile e la perdita non è deducibile.

Utili e perdite di residenza principale

Il guadagno dalla residenza principale in Thailandia è un reddito imponibile generale per l'individuo mentre la perdita non è deducibile.

Minusvalenze

La perdita di capitale non è deducibile.

Articoli per uso personale

Il guadagno sulla vendita di beni di uso personale non è un reddito imponibile per l'individuo a condizione che non sia per scopi commerciali.

I regali

A partire dal 1° febbraio 2016, sono esenti dall'imposta sul reddito delle persone fisiche le donazioni di:

• Reddito derivante dal trasferimento della proprietà o del diritto di possesso su un immobile senza corrispettivo da parte del genitore a un figlio legittimo non adottato, solo per la quota non superiore a B20 milioni per anno fiscale

• Reddito derivante da mantenimento o donazione di ascendenti, discendenti o coniugi, solo per la quota non superiore a B20 milioni per anno fiscale;

• Redditi derivanti da alimenti per scopi morali o da donazione ricevuti in occasione di cerimonie o occasioni secondo consuetudine e tradizione da persone che non siano ascendenti, discendenti o coniugi, per la sola quota non eccedente B10 milioni per anno fiscale; e

• Proventi da donazioni ricevute per fini religiosi, educativi o pubblici secondo le regole e le condizioni previste da un regolamento ministeriale ancora da emanare.

I regali il cui valore netto supera la soglia di esenzione di cui sopra sono soggetti a un'aliquota forfettaria del 5%.

Aspetti ed eccezioni relativi all'imposta aggiuntiva sulle plusvalenze (CGT)

Ci sono ulteriori questioni relative all'imposta sulle plusvalenze (CGT) in Thailandia? In caso affermativo, per favore discutere?

Non applicabile.

Ci sono eccezioni all'imposta sulle plusvalenze in Thailandia? In caso affermativo, per favore discutere?

Non applicabile.

Risorse pre-CGT

Non applicabile.

Presunta alienazione e acquisizione

Non applicabile.

Detrazioni generali dal reddito

Quali sono le detrazioni generali dal reddito consentite in Thailandia?

Un numero di detrazioni sono disponibili per un residente a seconda del tipo di reddito e stato di famiglia.

Spese deducibili

Un contribuente può detrarre dal proprio reddito un importo standard o le spese effettive a seconda del tipo di reddito in questione. I tassi di spesa deducibili standard sono i seguenti

Tipo di reddito	**Ta** **de** **pe**
Reddito da lavoro dipendente - s.40(1) Reddito da locazione di servizi - s.40(2)	50 val TH
Reddito da avviamento, diritti d'autore e altri diritti – s.40(3)	Sp del TH
Interessi, dividendi e criptovalute – s.40(4)	Ne cor
Reddito da locazione – s.	10 del

Reddito da liberale professionale - s.	30-60' delle s
Reddito da costruzione - s.40(7)	60% d spesa
Reddito da affari, commercio, agricoltura, trasporti o non specificato	60% d spesa

La detrazione delle spese relative ai redditi da locazione e da redditi da liberale, professionale, da lavoro a contratto, da affari, da commercio o da altri redditi non specificati può essere effettuata su base effettiva solo se può essere fornita all'autorità fiscale una prova soddisfacente delle spese .

Indennità

Il residente può detrarre indennità personali e specifiche:

2019 (Baht)	
Indennità personali	
Contribuente	60,000
Sposa	60,000
A carico (massimo 3 bambini), ciascuno	30.000 per bambino. nessun limite tranne 3 con bambini adottati * Il contribuente può richiedere ulterior 30.000 assegni fiscali deducibili per figlio dal 2° figlio in poi nati nel/dopo 2018.
Cure parentali tailandesi, ciascuno	30,000

Assistenza ai familiari disabili o inabili, ciascuno	60,000
Assistenza a un disabile o incapace diverso da un familiare	60,000
Indennità specifiche	
Contributi del contribuente al fondo di previdenza sociale	massimo 9,000 per anno
Premi di assicurazione sulla vita con la polizza assicurativa per la durata di 10 anni o più pagati dal contribuente a un assicuratore thailandese	massimo di 10.000 all'anno per il coniuge del contribuente

Premio dell'assicurazione sanitaria a un'attività di assicurazione sulla vita o non vita in Thailandia da parte del contribuente	15.000 all'anno in combinazione con un'assicurazione sulla vita massima di 100.000
Premio dell'assicurazione sanitaria a un'attività di assicurazione sulla vita o non vita in Thailandia per i genitori e/o suoceri del contribuente	Sopra I 15,000
Interessi ipotecari sostenuti ai fini dell'acquisto o della costruzione di un edificio residenziale in Thailandia	Massimo di 100,000 per anno

Premio di assicurazione sulla vita per pensione qualificata per contribuente pagato a un assicuratore tailandese (questa indennità, insieme al contributo al fondo di previdenza registrato, al fondo pensione dei dipendenti pubblici, al fondo previdenziale e agli investimenti in RMF non può superare THB500.000)	Premio pagato con un limite del 15% del reddito imponibile soggetto a imposta con un'indennità massima di THB200.000
Contributi al Fondo di Previdenza (PF)	Contributi con un limite del 15% del salario totale ma non superiore all'indennità di THB500.000.

(I contributi a PF insieme al premio pagato per l'assicurazione sulla vita pensionistica qualificata e i contributi a RMF, al fondo pensione dei dipendenti pubblici e al fondo previdenziale non possono superare THB500.000.)	
Contributi al Fondo comune di previdenza (RMF) (I contributi a RMF insieme al premio pagato per l'assicurazione sulla vita pensionistica qualificata e i contributi a PF, al fondo pensione dei dipendenti pubblici e al fondo previdenziale non possono superare THB500.000)	Contributi con un limite del 15% del reddito imponibile totale soggetto a imposta con un'indennità massima di THB500.000

Contributo al fondo azionario a lungo termine in Thailandia detenuto per almeno 7 anni solari	Contributi con un limite del 15% del reddito imponibile totale soggetto a imposta con un'indennità massima di THB500.000
Donazioni a enti di beneficenza specifici	Importo donato effettivo fino al 10% del reddito imponibile dopo la detrazione di tutte le altre indennità

Donazioni per fornire sostegno educativo a un istituto di istruzione statale, un istituto di istruzione di un'organizzazione governativa, una scuola privata istituita secondo la legge che disciplina le scuole private o un'università privata istituita secondo la legge che disciplina le università private	200% della donazione effettiva non superiore al 10% del reddito imponibile dopo la detrazione di tutte le altre indennità

Metodi di rimborso delle tasse

Quali sono i metodi di rimborso delle tasse generalmente utilizzati dai datori di lavoro in Thailandia?

Imposta pagata dal datore di lavoro che richiede il calcolo dell'imposta con il metodo al lordo (imposta sull'imposta).

Calcolo preventivi/ acconti/ ritenute

Come vengono gestiti i preventivi/pagamenti anticipati/ritenute fiscali in Thailandia? Ad esempio, Pay-As-You-Earn (PAYE), Pay-As-You-Go (PAYG) e così via.

Ritenuta d'acconto (PAYG)

Per i redditi da lavoro dipendente verrà applicata la ritenuta alla fonte con la quale il datore di lavoro tratterrà l'imposta ogni volta che effettua il pagamento ai dipendenti e/o benefici imponibili per i dipendenti.

PAYG rate

Persona che percepisce un determinato reddito non da lavoro, ad es. reddito da locazione o professione legale, ingegnere, architetto o contabile è tenuto al pagamento dell'imposta sui redditi conseguiti per il primo semestre.

Quando sono dovuti i preventivi/pagamenti anticipati/ritenute fiscali in Thailandia? Ad esempio: mensile, annuale, entrambi e così via.

La ritenuta d'acconto sul reddito da lavoro dipendente è dovuta mensilmente entro il 7° giorno del mese successivo a quello in cui viene versato il reddito da lavoro dipendente.

L'imposta su taluni redditi da lavoro subordinato percepiti nel primo semestre (gennaio-giugno) è dovuta alla fine di settembre dello stesso anno d'imposta.

Agevolazioni per tasse estere

C'è qualche sgravio per le tasse estere in Thailand a? Ad esempio, un sistema di credito d'imposta estero (FTC), trattati sulla doppia imposizione e così via?

L'imposta estera non può essere presa come credito rispetto all'imposta thailandese a meno che non sia consentita da un trattato sulla doppia imposizione.

Crediti d'imposta generali

Quali sono i crediti d'imposta generali che possono essere richiesti in Thailandia? Si prega di elencare di seguito.

C'è una serie di crediti che possono essere rivendicati come esonero dalla responsabilità fiscale annuale dei contribuenti, come i seguenti:

ritenuta alla fonte.

credito d'imposta sui dividendi per l'imposta sul reddito delle società pagata da una società costituita in Thailandia che paga il dividendo in relazione a quella parte del suo profitto dalla quale viene pagato il dividendo. Il credito d'imposta sui dividendi deve essere incluso come reddito imponibile (oltre al reddito da dividendi) ai fini del calcolo dell'imposta.

Esempio di calcolo dell'imposta

Questo calcolo3 presuppone un contribuente sposato residente in Thailandia con due figli il cui incarico di 3 anni inizia il 1 gennaio 2018 e termina il 31 dicembre 2020. Lo stipendio base del contribuente è di 100.000 dollari USA (USD) e il calcolo copre 3 anni.

	2018	2019	2020
	USD	USD	USD

Stipendio	100,000	100,000	100,000
Bonus	20,000	20,000	20,000
Indennità per rincaro	10,000	10,000	10,000
Indennità di alloggio	12,000	12,000	12,000
Auto aziendale	6,000	6,000	6,000
Rimborso spese trasloco/rimpatrio	20,000	0	20,000
Congedo a casa	0	5,000	0
Assegno di istruzione	3,000	3,000	3,000
Interessi attivi da fonti non locali	6,000	6,000	6,000

Tasso di cambio utilizzato per il calcolo: USD1.00 = THB31.00.

Altre ipotesi

Tutti i redditi da lavoro sono attribuibili a fonti locali.

I bonus vengono pagati alla fine di ogni anno fiscale.

Il reddito da interessi non viene rimesso in Thailandia.

L'auto aziendale viene utilizzata per scopi aziendali e privati e il costo per l'uso privato è di 6.000 USD.

Il lavoratore si considera residente per tutta la durata dell'incarico.

I trattati fiscali e gli accordi di totalizzazione vengono ignorati ai fini di questo calcolo.

Il rimborso delle spese di trasloco è costituito dalle spese effettive sostenute con prove giustificative.

Il coniuge non lavora e i figli studiano in Thailandia.

Calcolo del reddito imponibile

di fine anno	2018 THB	2019 THB	2020 THB
Giorni in Thailandia durante l'anno	365	365	366

Earned income subject to income tax

stipendio	3,100,000	3,100,000
Bonus	620,000	620,000
Indennità per rincaro	310,000	310,000
Indennità abitativa netta	372,000	372,000
Auto aziendale	186,000	186,000
Rimborso spese trasloco	0	0
Congedo a casa	0	155,000
Assegno di istruzione	93,000	93,000
Reddito totale guadagnato	4,681,000	4,836,000
Altri proventi	0	0

Reddito totale	4,681,000	4,836,000	4,6 0
Detrazioni	289,000	289,000	28
Totale reddito imponibile	4,392,000	4,547,000	4,3 0
Tassa pagabile	1,082,600	1,129,100	1,0 0
Imposta effettiva	23.13%	23.35%	23.

Calcolo dell'onere fiscale

	2018 THB	2019 THB	2020 THB
Reddito imponibile come sopra	4,392,800	4,547,000	4,392,000

imposta tailandese al riguardo	1,082,600	1,129,100	1,082,600
Di meno:			
Crediti d'imposta esteri	0	0	0
Tasse tailandesi totali	**1,082,600**	**1,129,100**	**1,082,600**

Note a piè di pagina

1Alcune autorità fiscali adottano un approccio da "datore di lavoro economico" per interpretare l'articolo 15 del trattato modello dell'OCSE che si occupa dell'articolo sui servizi dipendenti. In sintesi, ciò significa che se un dipendente è assegnato a lavorare per un'entità nel paese/territorio ospitante per un periodo inferiore a 183 giorni nell'anno fiscale (o un anno solare di un periodo di 12 mesi), il dipendente rimane impiegato dal datore di lavoro del paese/territorio di origine ma lo stipendio e i costi del dipendente vengono addebitati all'entità ospitante, l'autorità fiscale del paese/territorio ospitante tratterà l'entità ospitante come "datore di lavoro economico" e quindi il datore di lavoro ai fini dell'interpretazione Articolo 15. In questo caso, l'esenzione prevista dall'articolo 15 sarebbe negata e il dipendente sarebbe soggetto a tassazione nel paese/territorio ospitante.

2 Ad esempio, un dipendente può essere fisicamente presente nel paese/territorio fino a 60 giorni prima che le autorità fiscali applichino l'approccio del "datore di lavoro economico".

Incentivi fiscali del Board of Investment (BOI)

La BOI, in virtù della legge sulla promozione degli investimenti del 1977 (compreso il suo emendamento n. 4 [2017]) e della legge sul miglioramento della concorrenza (2017), prevede incentivi fiscali per determinate attività all'interno delle seguenti categorie:

- Agricoltura e prodotti agricoli.
- Miniere, ceramiche e metalli di base.
- Industria leggera.
- Prodotti in metallo, macchinari e mezzi di trasporto.
- Industria elettronica ed elettrodomestici.
- Prodotti chimici, carta e plastica.
- Servizi e servizi pubblici.
- Sviluppo tecnologico e innovazione.

CAPITOLO 3: Gli incentivi fiscali disponibili

- Esenzione o riduzione dei dazi all'importazione sui macchinari importati.
- Esenzione dai dazi all'importazione sulle materie prime e essenziali importate per la produzione per l'esportazione
- Riduzione fino al 90% dei dazi all'importazione su materie prime ed essenziali da utilizzare nella produzione per la vendita interna.
- Esenzione dai dazi all'importazione su articoli utilizzati per ricerca e sviluppo.
- Esenzione dal CIT pari o superiore all'importo dell'investimento, esclusi i costi del terreno e del capitale circolante, fino a 15 anni, a seconda della legge applicabile, dell'attività promossa e della località.
- Riduzione del 50% dell'aliquota CIT per un massimo di dieci anni dalla data di scadenza dell'esenzione fiscale.
- Esclusione dal reddito imponibile dei dividendi percepiti dalle imprese promosse durante il periodo di esenzione da CIT ed entro sei mesi dalla data di scadenza dell'eventuale periodo di esenzione fiscale.

• Detrazione dall'utile netto per dieci anni fino al 70% dell'importo dell'investimento oltre alle normali detrazioni.

• Sovvenzione di 10 miliardi di THB nell'ambito del Fondo per il miglioramento della competitività, a condizione che vengano soddisfatti determinati criteri, senza alcuna condizione.

Incentivi per categoria

Nell'ambito del programma di promozione BOI 2020, l'accento è posto sulle attività e sull'importanza delle attività. Gli incentivi fiscali rientrano in quattro categorie (da A1 ad A4) e gli incentivi non fiscali in due categorie (B1 e B2), come di seguito:

Group	**Esenzione CIT**	**Esenzione dai dazi all'importazione sui macchinari**	**Esenzione dai dazi all'importazione sulle materie prime per l'esportazione**	**Incentivi non fiscali**
A1	8 anni (senza cap) + merito*	Yes	Yes	Yes
A2	8 anni + merito*	Yes	Yes	Yes
A3	5 anni + merito	Yes	Yes	Yes
A4	3 anni + merito	Yes	Yes	Yes

Group	Esenzione CIT	Esenzione dai dazi all'importazione sui macchinari	Esenzione dai dazi all'importazione sulle materie prime per l'esportazione	Incentivi non fiscali
B1	Merito (3 anni) **	Yes	Yes	Yes
B2	Merito (3 anni) **	No	Yes	Yes

* L'esenzione dal CIT sarà fino a 13 anni in totale.

** Sono disponibili solo alcune attività.

Osservazioni:

• Gli incentivi fiscali sono concessi per determinate attività ammissibili classificate come B1 o B2.

• Attualmente, non è stata emessa alcuna politica BOI per concedere questi incentivi. Riduzione CIT del 50% per un massimo di dieci anni.

Inoltre, sono previsti incentivi fiscali per le seguenti nuove categorie di attività:

Tecnologie di base mirate e servizi abilitanti

Esenzione CIT	**Esenzione dai dazi all'importazione sui macchinari**	**Esenzione dai dazi all'importazione sulle materie prime per l'esportazione**	**Incentivi non fiscali**
10 anni 13 (senza cap) + merito (ma non eccedente anni in total)	Yes	Yes	Yes

Attività basate su strategie

Esenzione CIT	Esenzione dai dazi all'importazione sui macchinari	Esenzione dai dazi all'importazione sulle materie prime per l'esportazione	Incentivi non fiscali
15 years	Yes	Yes	Yes

Sono stati lanciati ulteriori incentivi basati sul valore di un progetto (incentivi basati sul merito) al fine di motivare gli investitori a investire o spendere in attività che andranno a beneficio del paese o dell'industria nel suo insieme.

Merito in ricerca e sviluppo (R&S)

Gli incentivi per la ricerca e lo sviluppo basati sul merito dipenderanno dagli investimenti effettuati o dalle spese sostenute dagli investitori in ricerca e sviluppo per la loro attività, dalla fornitura di formazione avanzata ai dipendenti o dallo sviluppo di fornitori locali. Gli investimenti o le spese consentiti sono i seguenti:

Investimento in	**Limite di investimento aggiuntivo (% dell'investimento o delle spese sostenute)**
Ricerca e sviluppo, internamente, esternalizzate nel paese o in collaborazione con istituti di istruzione o di ricerca all'estero	300
Donazioni al Fondo per lo sviluppo della tecnologia e delle risorse umane approvato dal BOI	100

Investimento in	Limite di investimento aggiuntivo (% dell'investimento o delle spese sostenute)
Canoni di licenza pagati per la tecnologia sviluppata nel paese	200
Formazione in tecnologia avanzata	200
Sviluppo di fornitori locali con una partecipazione non inferiore al 51% thailandese nella formazione tecnologica avanzata o nell'assistenza tecnica	200
Progettazione del prodotto o dell'imballaggio, sia interna che esternalizzata nel paese, come approvato dal BOI	200

Ulteriori anni di esenzione fiscale verranno aggiunti agli incentivi fiscali standard ricevuti come segue:

Investimento/spesa in base al fatturato nei primi 3 anni	**Periodo aggiuntivo di esenzione fiscale con cap in base all'importo dell'investimento (in totale, il periodo massimo è di 13 anni)***
1% or ≥ THB 200 million	1 year
2% or ≥ THB 400 million	2 years
3% or ≥ THB 600 million	3 years

* Il periodo di esenzione CIT per un massimo di tre anni sarà concesso anche ai progetti con attività nel Gruppo B1.

Merito del decentramento

Le zone di promozione degli investimenti sono state incluse come merito del decentramento per le imprese che operano in una delle seguenti 20 province con reddito medio basso:

Kalasin, Chaiyaphum, Nakhon Phanom, Nan, Bung Karn, Buriram, Phrae, Maha Sarakham, Mukdahan, Mae Hong Son, Yasothon, Roi Et, Sisaket, Sakhon Nakhon, Sa Kaew, Sukhothai, Surin, Nong Bua Lamphu, Ubon Ratchatani e Amnatcharoen.

Ulteriori incentivi per le imprese situate in queste 20 province includono quanto segue:

- Un'ulteriore esenzione CIT di tre anni dagli incentivi standard, ma non superiore a 13 anni complessiv . Tuttavia, ai progetti con attività nei gruppi A1 e A2 sarà concessa una riduzione del 50% del CIT per cinque anni dopo la fine dell'esenzione fiscale.
- Tre anni di esenzione CIT saranno concessi ai progetti con attività nel Gruppo B1.

• Doppia detrazione dal reddito imponibile delle spese di trasporto, elettricità e acqua per dieci anni dalla data di prima acquisizione del gettito dell'attività promossa.

• Deduzione dall'utile netto del 25% dei costi di installazione o costruzione dell'infrastruttura del progetto oltre al normale ammortamento; la detrazione può essere effettuata sull'utile netto di uno o più anni entro dieci anni dalla data in cui si è avuto il primo ricavo dell'attività promossa.

Merito sullo sviluppo dell'area industriale

Un ulteriore anno di esenzione CIT sarà concesso ai progetti del Gruppo A e situati all'interno di una zona industriale o di una zona industriale promossa. Tuttavia, il periodo totale di esenzione CIT non supererà gli otto anni, ad eccezione delle attività nell'ambito delle tecnologie di base mirate e dei servizi abilitanti.

Incentivi alla ricerca e sviluppo (R&S)

Incentivi fiscali concessi agli appaltatori di R&S

La ricerca e sviluppo è un'attività promossa ai sensi della legge sulla promozione degli investimenti, che prescrive i criteri e le condizioni che devono essere seguiti da un contraente di ricerca e sviluppo.

Gli incentivi fiscali concessi sono i seguenti:

- Esenzione CIT sui redditi derivanti dalla fornitura di servizi di ricerca e sviluppo come indicato nel certificato di promozione degli investimenti (servizi di ricerca e sviluppo qualificati) fino a 13 anni senza tetto.
- Esenzione dal dazio all'importazione su macchinari e materie prime importate per la produzione per l'esportazione.
- Esenzione dai dazi all'importazione su articoli utilizzati per ricerca e sviluppo.
- Esclusione dal reddito imponibile dei dividendi derivanti dalle imprese promosse durante il periodo di esenzione CIT ed entro sei mesi dalla data di scadenza dell'eventuale periodo di esenzione fiscale.

• Ulteriore riduzione del CIT del 50% per i cinque anni successivi alla fine dell'esenzione fiscale se il progetto si trova in un parco scientifico e tecnologico promosso e approvato dal Consiglio.

I servizi di ricerca e sviluppo devono avere la seguente descrizione:

• Ricerca di base: attività condotte per esplorare nuove conoscenze dai fenomeni naturali di base e dall'osservazione fattuale.
• Ricerca applicata: l'applicazione delle conoscenze di base per risolvere o sviluppare un concetto a fini commerciali, con l'obiettivo di ottenere un nuovo prodotto o processo.
• Sviluppo pilota: attività svolte per ingrandire una scala di produzione dalla ricerca di base e dalla ricerca e sviluppo applicata di prototipi e/o test del processo di produzione per testare il mercato o raccogliere informazioni.
• Sviluppo della dimostrazione: verificare una tecnologia e un processo di produzione e dimostrare il livello di integrità del processo e la fattibilità su una produzione su scala commerciale sia nel controllo della qualità che nella stima dei costi.

CPSIA information can be obtained
at www.ICGtesting.com
Printed in the USA
BVHW050931150721
612040BV00002B/247